ABANDONAR UM GATO

HARUKI MURAKAMI

ABANDONAR UM GATO

O que falo quando falo do meu pai

Tradução do japonês
Rita Kohl

Ilustrações
Adriana Komura

Copyright © 2020 by Harukimurakami Archival Labyrinth
Copyright das ilustrações © 2022 by Adriana Komura

Esta tradução, sem o posfácio, foi publicada pela revista *Quatro cinco um* em janeiro de 2020.

Grafia atualizada segundo o Acordo Ortográfico da Língua Portuguesa de 1990, que entrou em vigor no Brasil em 2009.

Título original
Neko o suteru: Chichioya ni tsuite kataru toki
(Abandoning a Cat: When I Talk about my Father)

Capa
Alceu Chiesorin Nunes

Projeto gráfico
Samantha Rodrigues Monteiro

Preparação
Gustavo Azambuja Feix

Revisão
Jane Pessoa
Angela das Neves

Dados Internacionais de Catalogação na Publicação (CIP)
(Câmara Brasileira do Livro, SP, Brasil)

Murakami, Haruki
  Abandonar um gato: O que falo quando falo do meu pai / Haruki Murakami; tradução Rita Kohl; ilustrações Adriana Komura. — 1ª ed. — Rio de Janeiro: Alfaguara, 2022.

  Título original: Neko o suteru : Chichioya ni tsuite kataru toki.
  ISBN 978-85-5652-140-8

  1. Ficção japonesa. I. Título.

22-105339   CDD-895.63

Índice para catálogo sistemático:
1. Ficção : Literatura japonesa 895.63

Maria Alice Ferreira — Bibliotecária — CRB-8/7964

[2022]
Todos os direitos desta edição reservados à
EDITORA SCHWARCZ S.A.
Praça Floriano, 19, sala 3001 — Cinelândia
20031-050 — Rio de Janeiro — RJ
Telefone: (21) 3993-7510
www.companhiadasletras.com.br
www.blogdacompanhia.com.br
facebook.com/editora.alfaguara
instagram.com/editora_alfaguara
twitter.com/alfaguara_br

ABANDONAR UM GATO

SUMÁRIO

11 O que lembro do meu pai
17 O dever de cada manhã
23 Os seis irmãos e a morte do meu avô
31 "Abandonado pelos pais"
39 O 20º Regimento da Infantaria, em Fukuchiyama

45 Os haicais enviados do front
51 A execução de um prisioneiro de guerra chinês
57 Departamento de Letras da Universidade Imperial de Kyoto
63 Insatisfação crônica, dor crônica
69 A 16ª Divisão luta até a morte

79 O pós-guerra e o meu nascimento
87 Uma conversa desajeitada com meu pai, aos noventa anos
91 A sensação de se tornar invisível
95 O gato que subiu no pinheiro

101 *Posfácio*: Um pequeno fragmento da história

O QUE LEMBRO DO MEU PAI

Tenho muitas memórias do meu pai, é claro. Afinal, dividimos uma casa não muito grande, desde que nasci até me mudar de lá, aos dezoito anos. Juntos, vivemos — como é costume entre pais e filhos — coisas divertidas e outras nem tanto. Mas as lembranças que guardei com mais nitidez não são essas. São cenas simples e cotidianas.

Por exemplo:

Certo dia, quando vivíamos na casa de Shukugawa (em Nishinomiya, na província de Hyogo), fomos até a praia para abandonar um gato. Não era um filhote, e sim uma gata já adulta. Não sei por que decidimos abandoná-la, já que morávamos em uma casa com jardim e espaço suficiente para criar gatos. Talvez fosse uma gata de rua que resolveu viver conosco e ficou prenha, e os meus pais concluíram que não daria para cuidar dela e dos filhotes. A minha memória sobre essa parte não é clara. Seja como for, naquela época abandonar gatos era muito mais comum e não tinha nada de malvisto, até porque não ocorria a ninguém a ideia de castrar o seu gato. Acho que eu estava nos primeiros anos do ensino fundamental, então devia ser em meados ou no final da década de 1950. Perto de casa havia uma agência bancária destruída pelos bombardeios do Exército norte-americano. As marcas da guerra ainda eram visíveis.

E foi assim que, numa tarde de verão, meu pai e eu fomos abandonar aquela gata à beira-mar. Meu pai pedalava e eu, na garupa, segurava a caixa com a gata. Seguimos o rio Shukugawa até a praia de Koroen, deixamos a caixa entre umas árvores e voltamos para casa, sem olhar para trás. Acho que a distância devia ser de uns dois quilômetros. Koroen era uma praia animada, de mar limpo — ainda não haviam feito os aterros. Nas férias de verão, eu nadava lá com meus amigos quase todos os dias. Naquela época, os pais não pareciam se importar se as crianças fossem sozinhas para a praia, então aprendíamos a nadar por risco próprio. O rio Shukugawa era cheio de peixes, e uma vez cheguei a pescar uma bela enguia.

Meu pai e eu deixamos a gata na praia de Koroen, nos despedimos dela e pedalamos de volta para casa. Ao chegar, descemos da bicicleta, comentando: "É uma pena, mas fazer o quê?", abrimos a porta e… deparamos com a gata que tínhamos acabado de abandonar, miando com alegria, rabo esticado para o ar. Ela tinha voltado, antes de nós. Não consegui entender como ela fez aquilo. Tínhamos voltado direto, e de bicicleta. Meu pai também não entendeu. Ficamos os dois sem palavras.

Eu me lembro bem da cara de espanto do meu pai, que aos poucos se transformou em um semblante de admiração, e por fim de certo

alívio. Depois do episódio, ficamos com a gata. Se ela fazia tanta questão de viver sob aquele teto, o jeito era deixar.

Sempre havia gatos na nossa casa, e gostávamos deles. Para mim, eram boas companhias. Como eu não tinha irmãos, livros e gatos eram os meus melhores amigos. Adorava ficar na varanda (naquela época quase todas as casas tinham varandas de madeira que davam para o jardim) tomando sol junto com um gato. Então por que tentamos abandonar aquela gata na praia? Por que não protestei? É um mistério e não sei a resposta, tanto quanto não sei como ela chegou em casa antes de nós.

O DEVER DE CADA MANHÃ

Mais uma lembrança do meu pai:
    Todo dia, antes do café da manhã, ele se sentava de olhos fechados e passava um bom tempo recitando sutras budistas diante do altar *butsudan*, concentrado. Quer dizer, não era bem um altar, e sim uma pequena redoma de vidro com a estátua de um bodisatva minuciosamente esculpida. Depois da morte do meu

pai, não sei o que aconteceu com ela e nunca mais a vi. Desapareceu deste mundo para só existir na minha memória. Por que meu pai recitava os sutras diante daquela estatueta e não de um *butsudan* de verdade? Essa é mais uma pergunta sem resposta.

Seja como for, era importante para ele e indicava o começo de um novo dia. Ninguém podia interferir, e até onde sei ele nunca deixou de cumprir esse "dever" (de acordo com suas palavras), nem por um único dia. Suas costas assumiam um aspecto severo, desencorajando qualquer interação. Eu via algo de intenso e incomum em sua dedicação, algo que ia além de uma simples rotina diária.

Uma vez, quando eu era criança, perguntei por quem ele recitava os sutras. Por aqueles que morreram na última guerra, ele respondeu. Pelos companheiros que perderam a vida e também pelos inimigos chineses. Não disse mais nada, e mais nada perguntei. Alguma coisa me deteve. Não acho que tenha sido ele. Se eu tivesse insistido, acho que ele teria explicado melhor. Mas não insisti. Deve ter sido alguma coisa em mim, e não nele, que me fez parar.

•••

Preciso dar algumas explicações sobre as origens do meu pai. Segundo filho, ele nasceu no dia 1º de dezembro do ano 6 do período Taisho (1917), em um templo do budismo Jodo-shu chamado An'yo-ji, em Awataguchi, no distrito Sakyo, em Kyoto. Era de uma geração que só podia ser considerada sem sorte: o breve instante de paz que foi a democracia Taisho já anunciava seu fim quando ele ainda era um menino. Em seguida, vieram as trevas da crise econômica do período Showa, o atoleiro da guerra contra a China e por fim a trágica Segunda Guerra Mundial. E então tiveram que sobreviver, num esforço desesperado, ao caos e à pobreza do pós-guerra. Meu pai, como todos de sua geração, suportou sua singela parte daquelas extremas adversidades.

Seu pai, Benshiki Murakami, nasceu em uma família de agricultores na província de Aichi, mas ainda menino foi enviado para um templo próximo como monge aprendiz, destino comum a quem não fosse primogênito. Ele se mostrou promissor e foi aprendiz em vários templos, até se tornar monge principal no templo An'yo-ji, em Kyoto. Uma ascensão notável, pois se trata de um templo grande para a região, frequentado por quatrocentas ou quinhentas famílias.

Kyoshi Takahama escreveu um haicai a seu respeito:

No portal
Do templo An'yo-ji
As flores da relva

Não tenho uma lembrança clara do meu avô, pois cresci na área de Osaka e Kobe, não ia muito ao templo da família e ainda era pequeno quando ele morreu. Mas dizem que era espontâneo, generoso e conhecido por gostar de beber. Era um bom orador, como o nome sugere — o caractere *ben* significa "eloquência" —, e um monge competente e benquisto. Do pouco que me lembro, era um homem carismático, franco, com voz forte e distinta.

OS SEIS IRMÃOS E A MORTE DO MEU AVÔ

Meu avô teve seis filhos (nenhuma filha) e vendia saúde. Porém, às 8h50 da manhã do dia 25 de agosto de 1958, em uma passagem de nível da ferrovia Kenshin, que conectava Kyoto e Otsu, foi atropelado por um trem e morreu. Era uma passagem de nível sem cancela, em Yamada-cho, Kitahanayama, Yamashina, no distrito de Higashiyama. Um forte tufão atingira as imediações naquele dia (a ferrovia Tokai até ficou interrompida) e chovia muito; meu avô estava com o guarda-chuva aberto e não deve ter enxergado o trem que despontava na curva. Além disso, não escutava muito bem. Não sei por que eu imaginava que o episódio tinha acontecido na madrugada do tufão, quando o meu avô voltava de uma visita aos fiéis do templo, talvez um pouco embriagado. Mas, pesquisando os jornais da época, descobri que não foi assim.

Na noite em que recebemos a notícia de sua morte, quando meu pai se preparava para ir a Kyoto, lembro de ter visto minha mãe agarrada a ele aos prantos, implorando: "Aconteça o que acontecer, não herde o posto no templo!". Embora eu tivesse apenas nove anos, essa imagem está gravada até hoje em minha mente, como uma cena marcante de um filme em preto e branco visto no cinema. Inexpressivo e em silêncio, meu pai só assentia. Não deu nenhuma resposta (pelo menos, eu não ouvi), mas acho que ele já tinha tomado sua decisão. Dava para sentir.

Como mencionei antes, meu pai era o segundo de seis irmãos. Três lutaram na segunda guerra sino-japonesa (1937-45) e, por milagre ou sorte, escaparam sem grandes sequelas. Um ficou entre a vida e a morte no front na Birmânia (hoje Mianmar), outro foi sobrevivente dos *yokaren** da Unidade de Ataque Especial, e meu pai também escapou por um triz (depois voltarei ao assunto). De qualquer maneira, pelo menos, todos se safaram com vida. Até onde sei, os seis filhos foram educados para ser monges e tinham a qualificação necessária. Meu pai, por exemplo, tinha o grau *shosozu*, posição pré-intermediária na hierarquia budista, o equivalente a segundo-tenente no Exército. Na época do festival *obon*, os seis se reuniam em Kyoto e dividiam as visitas aos fiéis do templo. Quando caía a noite, encontravam-se e bebiam fartamente. O gosto pelo álcool devia correr no sangue.

---

* *Yokaren* se refere aos alunos do Curso Preparatório de Aviação Naval, instituição criada em 1930 para treinar jovens de catorze a dezessete anos e atender à demanda crescente de pilotos de guerra. As Unidades de Ataque Especial eram os pelotões suicidas cujos membros ficaram conhecidos como camicases. (N. T.)

Acompanhei meu pai várias vezes em Kyoto nesse período, e o calor do auge do verão era insuportável. Devia ser uma tarefa árdua rodar a cidade, de bicicleta ou a pé, para fazer visitas vestindo o traje religioso.

Então, quando meu avô Benshiki faleceu, surgiu a iminente questão de quem ocuparia seu lugar. Quase todos os filhos já tinham sua própria família e profissão. A verdade é que a morte do meu avô foi um choque, e ninguém estava preparado. Ele já estava com setenta anos, mas tinha uma saúde de ferro, e nada indicava que partiria tão cedo. Se não tivesse sido atropelado por um trem numa manhã de tempestade...

Eu não sei qual foi o teor da conversa entre os seis irmãos. O primogênito trabalhava na Receita em Osaka, onde já havia chegado a chefe de seção, e o segundo filho, meu pai, era professor de língua japonesa na Koyo Gakuin, uma escola particular na região de Kansai. Os outros irmãos também eram professores ou estudavam em universidades ligadas ao budismo. Dois haviam sido adotados por outras famílias e mudaram de sobrenome, uma prática comum na época. Seja como for, ninguém se prontificou a suceder ao meu avô. Um cargo assim, em um templo relativamente grande de Kyoto, exigia dedicação completa e pesava sobre toda a família. Os irmãos sabiam bem disso. Minha avó era uma mulher rígida e severa, e seria um desafio para qualquer uma das noras viver ao seu lado no templo. Já minha mãe era a primogênita de uma renomada família de comerciantes em Senba, Osaka (cuja loja pegou fogo durante a guerra), uma mulher mais extravagante, que não levava jeito para ser esposa de monge em um templo de Kyoto. Fora criada em um contexto cultural diferente demais. Não me surpreende que tenha chorado e implorado daquela maneira ao meu pai.

Além disso — e não passa de uma suposição da minha parte —, tenho a impressão de que havia na família um vago consenso ou certa expectativa de que meu pai fosse a escolha mais apropriada para sucessor. Ao recordar o tom desesperado na voz da minha mãe naquela noite, não posso deixar de fazer essa cogitação. Parece que o primogênito, meu tio Shimei Murakami, que acabou indo trabalhar na Receita no pós-guerra, na verdade desejava ser veterinário. Ou seja, desde cedo não pretendia ser monge.

Meu pai, ao menos aos meus olhos de filho, era uma pessoa séria e responsável. Em casa, podia ser difícil e melancólico, sobretudo quando bebia, mas costumava ter um saudável senso de humor. E era bom orador. Acho que, em vários aspectos, ele levava jeito para ser monge. Não herdara a abertura de espírito e a leveza do meu avô (pelo contrário, era um pouco nervoso), mas seu bom humor e o modo de falar passavam tranquilidade para as pessoas. Também tinha uma fé sincera. Acho que ele mesmo sabia que seria um bom monge.

Ele gostaria de ter seguido carreira acadêmica e se tornado pesquisador. Eu me pergunto se não considerava, como segunda opção, a vida de monge, e desconfio que, se fosse solteiro, ele seria mais aberto à ideia de suceder ao meu avô. Mas, naquele momento, ele tinha algo a manter: sua própria família. Posso imaginar sua expressão angustiada na conversa com os irmãos.

No final, o primogênito, Shimei Murakami, deixou o cargo na Receita, se mudou para o templo com a toda a família e herdou o posto de monge principal. Hoje, é o primogênito dele, meu primo Jun'ichi, o responsável por essa função. Todos os seis filhos do meu avô já morreram. O último — o que sobreviveu à guerra como *yokaren* — se foi há poucos anos. Era um sujeito que, ao ver carros de som de grupos de extrema direita fazendo propaganda pelas ruas de Kyoto, dava sermões aos jovens: "Vocês só ficam aí falando essas bobagens porque não conhecem a guerra de verdade!".

De acordo com Jun'ichi, Shimei só aceitou a sucessão no templo An'yo-ji por ver isso como seu dever, ou destino, de primogênito. Para ser mais específico, ele aceitou, mas não tinha muita escolha. Na época, os fiéis dos templos tinham muito mais poder do que hoje, e a família não podia agir como bem entendesse.

"ABANDONADO PELOS PAIS"

Quando era menino, meu pai foi enviado como aprendiz a um templo em Nara, provavelmente para que ficasse por lá, como filho adotivo. Meu pai nunca tocou no assunto. Não costumava falar sobre a infância em geral, mas acho que esse era um ponto específico que não queria abordar, nem comigo nem com ninguém. Tenho essa sensação. Só fiquei sabendo dessa história pelo meu primo Jun'ichi. Na época, famílias numerosas costumavam enviar filhos, exceto o primogênito, para adoção ou para viver como aprendizes em templos — tal como acontecera com o meu avô Benshiki. Porém, em pouco tempo, meu pai foi devolvido para a família. Embora a justificativa fosse que o frio estava lhe fazendo mal, parece que ele não conseguira se adaptar ao ambiente no templo em Nara. Depois disso, ele não foi enviado a nenhum outro lugar e cresceu no templo An'yo-ji normalmente, ao lado da família. No entanto, sinto que essa experiência deixou marcas profundas no seu coração infantil. Algo em seu jeito me dava essa impressão, ainda que não me ocorra nenhum exemplo em particular.

Recordo a expressão que teve quando a gata que abandonamos na praia reapareceu em casa: primeiro espanto, depois admiração, e por fim alívio.

Eu nunca passei por algo parecido. Fui criado — com certo afeto — como filho único, em uma família bastante comum. Então não compreendo, concreta e psicologicamente, que sequelas o fato de ser "abandonado" pelos pais deixa no coração de uma criança. Só me resta usar a mente para imaginar como deve ser. Será que esse tipo de memória não se torna uma cicatriz invisível que, por mais que mude de formato ou de profundidade, acompanha a pessoa até o fim da vida?

Ao ler a biografia do diretor francês François Truffaut, descobri que ele também foi separado dos pais na infância (praticamente rejeitado, como um estorvo) e criado por outra família. Como resultado, Truffaut perseguiu, por toda a vida, o tema do abandono em seus filmes. Todas as pessoas devem ter, em maior ou menor escala, experiências pesadas que não conseguem esquecer, mas que também não conseguem contar de verdade a ninguém, experiências com as quais viverão e morrerão, sem jamais narrá-las totalmente.

Em Kyoto, o budismo Jodo-shu é dividido entre as linhas Chion-in e Seizan (o templo An'yo-ji, no bairro de Keage, faz parte da segunda linha). Na verdade, talvez seja mais apropriado considerar o budismo Jodo-shu Seizan como uma corrente religiosa com doutrina própria,

distinta do budismo Jodo-shu Chion-in (entretanto, até os especialistas têm dificuldade em estabelecer as diferenças entre essas duas doutrinas). A Escola de Estudos Seizan é anexa ao templo Komyo-ji, na cidade de Nagaokakyo. Atualmente Faculdade Kyoto Seizan, com vários cursos superiores, ela já foi uma instituição voltada apenas ao estudo do budismo. Para se tornar monge principal o postulante devia seguir um curso nessa escola e passar por uma ascese de três semanas no templo anexo, Komyo-ji (nas estações frias, uma das práticas incluía jogar água gelada na cabeça três vezes por dia).

Meu pai se formou no ginasial Higashiyama em 1936 e, em seguida, aos dezoito anos, ingressou na Escola de Estudos Seizan. Não sei que carreira ele gostaria de seguir, mas, uma vez que nascera em um templo, não tinha muita escolha. Embora durante os quatro anos de curso tivesse direito a adiar o serviço militar, como se esqueceu de fazer os trâmites necessários (foi o que ele me contou), em agosto de 1938, aos vinte anos, precisou interromper os estudos e se alistar. Era uma simples questão burocrática, mas, depois que um processo desses se põe em movimento, não há mais como pedir desculpas e explicar que foi um engano. Repartições burocráticas e militares são assim. Os trâmites mandam.

O 20º REGIMENTO DA INFANTARIA, EM FUKUCHIYAMA

Meu pai foi enviado para o 20º Regimento da Infantaria (Fukuchiyama), que fazia parte da 16ª divisão (Fushimi). Embora o quartel desse regimento abrigue atualmente o 17º Regimento da Infantaria da Força Terrestre de Autodefesa, no portão ainda há uma placa indicando a antiga designação. O edifício continua praticamente igual desde aquela época e hoje é um arquivo de documentos históricos.

O núcleo da 16ª Divisão era formado por três regimentos da infantaria: o 9º (Kyoto), o 20º (Fukuchiyama) e o 33º (da cidade de Tsu, na província de Mie). Nunca entendi por que meu pai, nascido em Kyoto, foi enviado para o regimento de uma cidade mais distante, Fukuchiyama, e não para o 9º.

Bom, ao menos foi o que sempre imaginei que tivesse acontecido, mas me aprofundando descobri outros fatos. Meu pai não foi para o 20º Regimento da Infantaria, e sim para o 16º Regimento de Transporte, que também fazia parte da 16ª Divisão. E o quartel-general desse regimento ficava em Fukusa/Fushimi, na cidade de Kyoto, não em Fukuchiyama. Por que será que eu estava convencido de que meu pai estivera no 20º Regimento da Infantaria? Mais adiante voltarei ao assunto.

Por achar que meu pai fizera parte do 20º Regimento, demorei muito tempo para tomar coragem de pesquisar seu histórico militar. Depois de sua morte, passei cinco anos pensando que devia começar, sem nunca seguir em frente.

Por quê?

Porque o 20º Regimento da Infantaria é famoso por ter sido o primeiro a chegar à cidade de Nanquim após a sua queda. Se as unidades da província de Kyoto tinham fama de brandas (inclusive eram menosprezadas como "tropas de nobrezinhos"), as ações do 20º Regimento eram reputadas por ser muito sangrentas. Como desconfiei por muito tempo que meu pai tivesse participado da Batalha de Nanquim como membro dessa unidade, eu nunca quis me aprofundar sobre seu histórico militar. Também nunca tive vontade de perguntar a ele, enquanto estava vivo, detalhes de suas experiências de guerra. E assim, sem perguntas e respostas, meu pai morreu em agosto de 2008, em um hospital em Nishijin, Kyoto, aos noventa anos, em razão de um diabetes severo e do câncer que se espalhara por todo o corpo. A longa batalha contra a doença enfraquecera seu organismo, mas ele manteve a lucidez, a memória e a fala até o final.

Meu pai foi recrutado no dia 1º de agosto de 1938. Em dezembro do ano anterior, 1937, o 20º Regimento da Infantaria entrou para a história por sua bravura ao ser a primeira tropa a chegar a Nanquim. Logo, meu pai não poderia ter participado daquela batalha. Essa descoberta foi um alívio, tirou um peso das minhas costas.

Depois da Batalha de Nanquim, o 20º Regimento tomou parte em confrontos violentos por toda a China. Em maio de 1938, renderam a cidade de Xuzhou, ocuparam Wuhan após uma batalha impiedosa, perseguiram o exército derrotado rumo ao oeste e seguiram guerreando no norte.

Meu pai embarcou em um navio de transporte no porto de Ujina em 3 de outubro de 1938 e chegou a Xangai três dias depois, como soldado raso do 16º Regimento de Transporte. Em terra, marcharam junto ao 20º Regimento da Infantaria. De acordo com o livro de registros do Exército japonês, o regimento de meu pai era encarregado do abastecimento e da segurança, e participou do ataque à cidade de Hekou (25 de outubro), da conquista de Anlu, no rio Han (17 de março do ano seguinte), e da Batalha de Suixian-Zaoyang (de 30 de abril a 24 de maio).

Traçando as rotas, é possível ver que eles cobriram distâncias extraordinárias. Para tropas quase não motorizadas, num momento em que o combustível era insuficiente — cavalos eram basicamente a única força com que contavam —, deve ter sido uma tarefa árdua. A situação era crítica: a falta de víveres e de munição era crônica, pois os suprimentos não chegavam aos campos de batalha, os uniformes estavam em farrapos, a falta de higiene levava à proliferação de doenças como o cólera. Muitos soldados tinham cáries, pois não havia dentistas suficientes. Com o seu poder limitado, o Japão não tinha como controlar um país gigantesco como a China. Ainda que conseguissem tomar uma cidade após outra graças à sua força militar, na prática era impossível manter a ocupação de todo o território.

Os registros dos soldados que fizeram parte do 20º Regimento naquele período mostram a situação trágica em que se encontravam. Entre os relatos, há quem confesse abertamente que ocorreram massacres, e há quem afirme de modo categórico que isso não passa de ficção. De todo modo, foi para aqueles sangrentos campos de batalha na China que meu pai foi enviado, aos vinte anos, como soldado das Tropas de Transporte, unidades responsáveis pelo abastecimento, em particular pelos cuidados com os cavalos. Para o Exército japonês, que enfrentava falta crônica de veículos e combustível, os cavalos eram importantíssimos, talvez até mais do que meros soldados. Em tese, essas tropas não tomavam parte na linha de frente, mas nem por isso estavam seguras. Seus homens dispunham apenas de armas leves (em geral, só baionetas) e muitas vezes sofriam ataques pela retaguarda que provocavam graves estragos.

OS HAICAIS ENVIADOS DO FRONT

Logo que entrou para a Escola de Estudos Seizan, meu pai se encantou com os haicais, passou a fazer parte de um grupo de entusiastas e a compor muitos poemas. Para usar uma expressão atual, eu diria que ele *ficou fissurado*. A revista de haicais da escola publicou algumas obras compostas por ele durante a época de soldado, provavelmente enviadas do front pelo correio.

*Pássaros migrando
ah, para onde voam?
para a minha terra*

*Soldado, mas ainda
monge, de mãos postas
diante da lua*

Não sou especialista em haicais nem tenho conhecimento para opinar sobre a qualidade da poesia, mas não é difícil imaginar um intelectual de vinte anos compondo versos assim. O que sustenta os poemas não é a técnica, e sim a absoluta franqueza.

Meu pai estava estudando para ser monge em uma montanha em Kyoto. Com muita dedicação, imagino eu. Até que um dia, por um pequeno erro burocrático, foi recrutado, passou por um duro treinamento, e então lançado em um navio de transporte, um rifle calibre 38 em mãos, e despachado para a violenta guerra nos fronts da China. As tropas lutavam sem trégua, em várias linhas de frente, contra soldados chineses e guerrilhas que resistiam com fúria. Um mundo diametralmente oposto às profundezas de uma pacífica montanha em Kyoto. Com certeza, isso provocou em meu pai um turbilhão emocional, uma angústia e um conflito interior intensos. Em meio a esse caos, escrever haicais parece ter sido um dos seus raros consolos. Essa forma — espécie de código simbólico — permitia-lhe expor, de modo relativamente direto e sincero, assuntos e sentimentos que, na prosa simples de uma carta, logo seriam barrados pela censura. Talvez fossem seu único refúgio. Ele continuou compondo haicais por muito tempo.

A EXECUÇÃO DE UM PRISIONEIRO DE GUERRA CHINÊS

Meu pai me contou uma única vez, em tom de confidência, que sua unidade executou um soldado chinês, prisioneiro de guerra. Não me lembro do contexto, nem por que ele me contou aquilo. Como faz muito tempo, guardo apenas a lembrança, isolada, sem antes nem depois. Eu ainda estava nos primeiros anos do ensino fundamental. Meu pai descreveu a execução com calma, sem esboçar emoção. Disse que o soldado chinês, mesmo sabendo que seria executado, não se agitou nem entrou em desespero. Permaneceu sentado na mesma posição, impassível, em silêncio, de olhos fechados. E assim foi decapitado. Uma atitude realmente admirável, observou meu pai, que parecia nutrir profundo respeito por aquele soldado chinês, sentimento que talvez não tenha se alterado até o fim de sua vida.

Não sei se a execução ficou a cargo dos seus companheiros de regimento e meu pai apenas testemunhou a cena ou se ele teve participação mais efetiva. Não sei se a dúvida se deve à minha memória imprecisa ou se ele narrou os fatos de maneira vaga. Seja como for, não há dúvida de que esse acontecimento deixou marcas de enorme angústia em sua alma — de soldado e de monge.

Naquela época, não era raro que soldados novatos ou reservistas fossem obrigados a executar soldados chineses capturados para que se acostumassem ao ato de matar. No livro *Soldados do Exército japonês* (editora Chuko Shinsho), de Yutaka Yoshida, há o seguinte trecho:

"Shigeru Fujita recorda que, em seu tempo de comandante do 28º Regimento da Cavalaria, do final de 1938 a 1939, orientou a todos os oficiais: 'Para que um soldado se acostume ao campo de batalha, o assassinato do inimigo é um método conveniente. Em outras palavras, é um teste de bravura. Para isso, podem-se usar os prisioneiros. Em abril, quando chegar uma nova leva de soldados, devemos criar esse tipo de oportunidade, para que fiquem fortes e se habituem à guerra [...]. Nesses casos, lâminas são mais efetivas que armas de fogo'."

Sem dúvida, o assassinato de prisioneiros de guerra desarmados é uma atitude desumana que viola o direito internacional. No entanto, para o Exército japonês da época, parecia ser uma obviedade, inclusive porque as tropas em combate não tinham como tomar conta dos prisioneiros. Uma vez que foi justamente no período entre 1938 e 1939 que meu pai foi enviado para a China como soldado raso, não seria surpresa se os soldados de patentes inferiores fossem obrigados a ações como essa. Na maioria das execuções, os soldados usavam a lâmina das baionetas, mas me lembro que no assassinato descrito por meu pai foi usada uma espada militar.

De qualquer maneira, o brutal relato dessa decapitação com espada marcou a fundo a minha mente infantil. A história ficou guardada como uma imagem ou, mais, uma pseudoexperiência. Em outras palavras, eu diria que meu pai transferiu para mim parte do peso — do trauma, na terminologia atual — que carregara durante anos. Assim são as relações interpessoais, e assim é a história. Essencialmente, um ato de transferência, um ritual. Cada um deve receber a sua parte, por mais desagradável que seja o conteúdo, por mais que se queira desviar o rosto. Do contrário, qual seria o sentido daquilo que chamamos de história?

Meu pai quase não falava sobre o que viveu no campo de batalha. Não devia querer recordar ou falar daquilo que presenciou ou fez com as próprias mãos, mas deve ter senti-

do que precisava transmitir pelo menos aquela história para mim, sangue do seu sangue. Mesmo que aquela imagem fosse permanecer como uma cicatriz no coração de nós dois. Não passa de uma suposição, claro, mas é o que eu sinto.

DEPARTAMENTO DE LETRAS DA UNIVERSIDADE IMPERIAL DE KYOTO

O 20º Regimento voltou da China para o Japão no dia 20 de agosto de 1939. Depois de um ano de serviço militar, meu pai retomou os estudos na Escola Seizan. Logo em seguida, no dia 1º de setembro, a Alemanha invadiu a Polônia e a Segunda Guerra Mundial eclodiu na Europa. O mundo adentrava um período de grande convulsão.

Embora o recrutamento dos soldados costumasse durar dois anos, meu pai prestou apenas um. Não sei por quê. Talvez o fato de ser estudante tenha contribuído. O entusiasmo pelos haicais continuou após o término do serviço militar.

*A Juventude
Hitlerista cantando
atrai os cervos*
(outubro de 1940)

Esse deve ter sido inspirado por uma visita de cortesia da Juventude Hitlerista ao país. Naquele momento, a Alemanha nazista era aliada ao Japão e abria vantagem na Europa, enquanto o Japão ainda não entrara em guerra contra os Estados Unidos e a Inglaterra. Não sei por quê, mas gosto desse haicai. Retrata uma cena da história — uma pequena janela em um canto da história — de um ângulo estranho e incomum. É impactante o contraste entre os cervos (provavelmente uma referência aos animais da cidade de Nara) e o vento longínquo e sangrento que sopra dos campos de batalha. Os jovens hitleristas, que naquele instante se divertiam no Japão, talvez tenham encontrado seu fim no rigoroso inverno do front leste.

No aniversário
da morte de Issa,* eu leio
seus tristes poemas
(novembro de 1940)

Nesse haicai também há algo que me atrai. Retrata um mundo muito quieto e sereno, mas além da superfície deve ter demorado um bom tempo para as águas se acalmarem. Sinto o eco daquela agitação e desordem.

Meu pai sempre gostou de estudar. Os estudos eram, para ele, uma razão de viver. Grande apreciador de literatura, mesmo depois de se tornar professor passava bastante tempo lendo sozinho. Nossa casa sempre foi abarrotada de livros, o que pode ter contribuído para que eu me tornasse um leitor voraz

---
* Kobayashi Issa (1763-1828), poeta e monge budista, considerado um dos quatro grandes mestres de haicai. (N. T.)

na adolescência. Dizem que ele tirava notas muito boas. Ele se formou com distinção na Escola Seizan em março de 1941, e mais tarde ingressou no curso de letras da Universidade Imperial de Kyoto. Não deve ter sido fácil entrar para uma universidade tão renomada vindo de uma escola direcionada aos estudos e à prática budista.

Minha mãe sempre me disse que meu pai era inteligente. Não sei quão inteligente ele era. Não sabia na época e não sei hoje. Na verdade, isso não me interessa muito. Acho que, para um escritor, não importa tanto se alguém é ou não inteligente. Uma intuição aguçada vale mais que a inteligência. Por isso, não costumo avaliar as pessoas por esse parâmetro. Nesse aspecto, o mundo acadêmico é bem diferente. Seja como for, meu pai tinha um excelente histórico escolar.

Em contrapartida, eu nunca tive muito interesse pelos estudos, e minhas notas nunca foram grande coisa, infelizmente (sinto que devo me lamentar). Quando gosto de um assunto, consigo me dedicar bastante, mas, quando não é o caso, não me importo. Sempre fui assim. Então, desde os primeiros anos da escola até o ensino médio, meus boletins nunca foram terríveis, mas também nunca foram motivo de admiração.

INSATISFAÇÃO CRÔNICA, DOR CRÔNICA

Essa realidade deixava meu pai desapontado, para dizer o mínimo. Vendo minha falta de dedicação, imagino que comparava a minha vida à sua própria juventude e se exasperava: "Você nasceu em um tempo de paz e poderia estudar à vontade, sem se preocupar com nada. Por que não se esforça?". Acho que ele queria que eu ficasse entre os melhores da sala e trilhasse o caminho que ele não pôde, impedido pela sua época. Tenho certeza de que ele daria qualquer coisa por isso.

Mas não correspondi a essa expectativa. Não conseguia, de jeito nenhum, me dedicar aos estudos. Achava a maioria das aulas um tédio, e o sistema de ensino, homogêneo e opressivo demais. Assim, meu pai vivia uma insatisfação crônica, e eu, uma dor crônica (a que também, inconscientemente, misturava-se raiva). Quando lancei meu romance de estreia, aos trinta anos, ele pareceu feliz por mim, mas àquela altura já havíamos nos afastado demais.

Carrego até hoje, *até os dias de hoje*, esse sentimento — ou os resíduos desse sentimento — de ter desapontado o meu pai, de não ter ficado à altura de suas expectativas. Depois de certa idade, passei a tratá-lo com impaciência, "Bom, cada um tem o seu jeito!", mas na adolescência era uma situação bastante desconfortável. Uma vaga sensação de culpa me perseguia o tempo todo. Às vezes, ainda sonho que estou fazendo uma prova na escola e não sei responder a nenhuma questão. O tempo vai passando, minuto a minuto, e não consigo esboçar reação. Se não passar na prova, vai dar tudo errado... Esse tipo de sonho. Acordo suando frio.

Enfim, na época fazia mais sentido ler livros, ouvir música, sair de casa, fazer exercício, jogar Mahjong com os amigos ou encontrar minha namorada do que ficar pregado à escrivaninha, terminando todas as tarefas e me esforçando para tirar uma nota um pouco melhor numa prova. E hoje posso afirmar, com convicção, que eu estava certo.

Acho que só resta a cada geração respirar o ar do seu tempo, sentir sobre os ombros a gravidade particular do seu momento. E amadurecer de acordo com as tendências impostas por esse ambiente. Para o bem ou para o mal, é esse o andar natural das coisas. Assim como os jovens de hoje estão sempre testando a paciência da geração dos seus pais.

Voltando ao assunto dos regimentos:

Meu pai se formou na Escola Seizan na primavera de 1941 e, no final de setembro, recebeu um aviso de convocação extraordinária. Foi assim que voltou, no dia 3 de outubro, ao serviço militar. Primeiro integrou o 20º Regimento da Infantaria (Fukuchiyama), depois foi transferido para o 53º Regimento das Tropas de Transporte.

A partir de 1940, a 16ª Divisão ficou baseada permanentemente na Manchúria, o que levou à criação da 53ª Divisão, em Kyoto, da qual fazia parte o 53º Regimento das Tropas de Transporte (a propósito, o escritor Tsutomu Mizukami também integrou esse regimento, no fim da guerra). Na confusão que se seguiu à formação apressada dessa nova divisão, meu pai deve ter sido enviado temporariamente para a tropa de Fukuchiyama.

Por ter ouvido a respeito, acabei registrando que ele sempre estivera nesse regimento, desde a primeira convocação.

A 53ª Divisão foi enviada para a Birmânia em 1944, já no final da guerra, tomou parte na Batalha de Imphal e, de dezembro daquele ano até março do ano seguinte, foi praticamente dizimada pelo Exército britânico na Batalha do Rio Irauádi. O 53º Regimento de Transportes a acompanhou em todos esses confrontos.

O mestre de haicai do meu pai, Noburo Suzuka (1887-1971, aprendiz de Kyoshi Takahama e membro da revista *Hototogisu*. Há um pequeno museu com seu nome em Kyoto), escreveu o seguinte no dia 30 de setembro de 1941, no seu *Diário de haicais*:

"Regressei pisando pelo lamaçal, pois tinha voltado a chover […]. Ao chegar, soube do serviço militar de Chiaki."

Varão, eu serei
mais uma vez escudo
outono da nação
Chiaki

Por "serviço militar", Noburo deve estar se referindo à carta de convocação. O significado do poema é "eu, como homem, devo defender o meu país de novo, neste momento crucial". Pelo contexto da época, creio que compor poemas como esse era a única alternativa. De qualquer maneira, é possível ler certo sentimento de resignação nos versos, principalmente na expressão "mais uma vez". Acredito que ele desejava levar uma vida de paz como acadêmico, mas o andar violento da história não lhe permitiria esse luxo.

A 16ª DIVISÃO LUTA ATÉ A MORTE

Porém, numa reviravolta inesperada, a convocação do meu pai foi revogada dois meses depois, no dia 30 de novembro. Ele foi desmobilizado e pôde retomar a vida, apenas oito dias antes do ataque a Pearl Harbor. Se a guerra já tivesse começado, duvido que lhe concedessem uma decisão tão generosa.

Meu pai me contou que foi salvo por um

superior. Ele estava servindo como soldado de primeira classe quando foi chamado por esse oficial, que o dispensou com as seguintes palavras: "Você estuda na Universidade Imperial de Kyoto, não é? Acredito que vai contribuir mais para a nação como acadêmico do que como soldado". Não sei se um oficial sozinho podia tomar uma decisão desse tipo. Além do mais, considerando que meu pai era um estudante de letras e não de ciências, não sei que grande "contribuição para a nação" poderia dar voltando à universidade e estudando haicais (a não ser que o oficial estivesse pensando em longuíssimo prazo). Sempre achei que havia mais detalhes por trás dessa história. Seja como for, assim meu pai ficou livre do serviço militar.

Bom, ao menos foi o que ouvi — ou me lembro de ter ouvido — quando era menino. Não deixa de ser uma anedota curiosa, mas que infelizmente não corresponde à realidade: pesquisando os registros de alunos da Universidade Imperial de Kyoto, descobri que meu pai só se matriculou no curso de letras em outubro de 1944. Logo, não faria sentido o oficial se referir a ele como acadêmico. Algo deve ter se confundido na minha memória ou pode ter sido um engano da minha mãe, que me contou a história. Mas não há mais como checar o que de fato aconteceu, pois hoje a memória da minha mãe está quase toda embaralhada.

De todo modo, segundo os registros, meu pai entrou no curso de letras da Universidade Imperial de Kyoto em outubro de 1944 e se formou em setembro de 1947. Não sei onde esteve nem o que fez dos 23 aos 26 anos, entre a dispensa do serviço militar, no outono de 1941, e o ingresso na universidade. Desconfio que tenha ajudado no templo da família enquanto compunha haicais e estudava para o exame de admissão, mas não tenho certeza. É mais um mistério.

Logo depois que meu pai saiu do Exército, a Guerra do Pacífico irrompeu e a 16ª Divisão foi despachada em um navio de transporte para um ataque nas Filipinas. No dia 24 de dezembro de 1941, o 20º Regimento da Infantaria desembarcou na baía de Lamon, a leste da ilha de Luzon, onde enfrentou uma forte resistência das Forças do Exército dos Estados Unidos no Extremo Oriente. Foi nessa batalha que morreu, alvejado no peito, o segundo-tenente Sueo Oe, medalha de bronze (seu colega, Shuhei

Nishida, ficou com a prata) no salto com vara nas Olimpíadas de Berlim, em 1936.* Natural de Maizuru, Oe deu o último suspiro nos braços do irmão mais velho, médico de guerra, com quem se encontrara por coincidência.

A 16ª Divisão perdeu muitos homens no desembarque em Luzon. Em seguida recebeu ordens de seguir para a tomada da península de Bataan, onde sofreu um ataque destruidor do Exército dos Estados Unidos, que dispunha de um poder de fogo esmagadoramente superior. As tropas norte-americanas, evitando uma batalha decisiva em Manila, entregaram a cidade aos japoneses e se confinaram nas montanhas da península, conservando uma capacidade de 80 mil homens em nove divisões. O Estado-Maior japonês subestimou

---

* Nas Olimpíadas de verão de Berlim, em 1936, Sueo Oe e seu companheiro de time e amigo Shuhei Nishida saltaram a mesma altura e se recusaram a continuar a competir entre si. A medalha de prata foi dada a Nishida, por ter conseguido na primeira tentativa, enquanto Oe ficou com a de bronze. Ao voltar para o Japão, os dois amigos mandaram cortar as medalhas e fazer duas "medalhas da amizade", metade em prata e metade em bronze. Quando Oe morreu em batalha, sua medalha foi descoberta entre seus pertences e a história ganhou notoriedade. (N. T.)

o poder militar do inimigo, disposto com cuidado ao longo da linha de defesa da península, e enviou as unidades de combate para a linha de frente sem armamento suficiente, com resultados desastrosos. Os japoneses foram cercados em meio à mata fechada, submetidos ao fogo cerrado da artilharia e esmagados por tanques de guerra de última geração. Segundo a *História do Regimento Fukuchiyama*, no dia 15 de fevereiro de 1942, além do comandante, restavam apenas 378 soldados no 20º Regimento da Infantaria. Outra fonte se limita a dizer que a 16ª Divisão fora "praticamente dizimada".

"A terra onde cresceu o Regimento Fukuchiyama jamais poderá se esquecer da península de Bataan, onde, por equívocos de avaliação e de estratégia, inúmeros de seus filhos perderam a vida para defender a pátria, sem balas para atirar nem alimento para comer, tendo como travesseiro sua posição e sendo submetidos aos tiros de canhão", escreveu um soldado.

Quando a dificílima batalha em Bataan chegou ao fim, em abril daquele ano, a "praticamente dizimada" 16ª Divisão foi reconstituída com soldados reservistas e ficou baseada na capital, Manila, como tropa de defesa. Embora sua principal função fosse sufocar guerrilhas, quando a guerra se intensificou os homens foram enviados para defender a ilha Leyte ao sul, um ponto estratégico.

Então, em 20 de outubro, enfrentaram uma grande tropa de desembarque do Exército norte-americano e, seis dias depois, estavam quase aniquilados. Um dos principais motivos da derrota foi que as tropas locais e o Quartel-General Imperial não chegaram a um consenso sobre o que seria melhor: defender-se da invasão do Exército dos Estados Unidos em Luzon ou em Leyte, o que fez com que as tropas fossem enviadas às pressas e entrassem na batalha sem o devido preparo.

A 16ª Divisão perdeu metade dos homens no bombardeio naval e no confronto à beira-mar. Depois recuou para o interior da ilha e tentou resistir, mas todas as rotas de abastecimento estavam bloqueadas, e as guerrilhas faziam ataques pela retaguarda. A maioria dos soldados sobreviventes, dispersos, acabou sucumbindo à fome ou à malária. A fome, em

particular, foi tão terrível que há até boatos de canibalismo. Uma batalha trágica e sem perspectiva de vitória: dos mais de 18 mil soldados que formavam a 16ª Divisão, restaram 580. As baixas ultrapassaram 96%. Os soldados lutaram mesmo até a morte. Em suma, o Regimento Fukuchiyama foi "praticamente dizimado" duas vezes, no começo e no fim da guerra. Pode-se dizer que foi uma tropa sem sorte.

Quando meu pai dizia que escapou da morte por um triz, creio que se referia ao fato de não ter sido enviado para o front na Birmânia no fim da guerra, como integrante da 53ª Divisão. Mas com certeza também pensava nos antigos companheiros da 16ª Divisão, que se tornaram cadáveres em Bataan e Leyte. Se o destino do meu pai fosse outro e ele tivesse sido enviado para as Filipinas com a sua antiga divisão, uma hipótese bastante plausível, sem dúvida teria perdido a vida em algum dos campos de batalha — ou em Bataan ou em Leyte. Claro que nesse caso eu também não existiria. Talvez eu deva dizer que meu pai escapou por sorte, mas sobreviver enquanto seus antigos companheiros morriam em um distante campo de batalha ao sul (os restos mortais de alguns devem estar abandonados às intempéries até hoje) com certeza lhe deixou uma grande dor e uma profunda sensação de dívida. Levando isso em conta, compreendo ainda melhor por que ele passava tanto tempo, toda manhã, recitando os sutras de olhos fechados.

A propósito, meu pai continuou se dedicando aos haicais enquanto estudava na Universidade de Kyoto, e foi um colaborador muito ativo da *Kyoto Hototogisu*. Também participou da revista *Kyokanoko*. Lembro que os armários de casa eram cheios de edições antigas dessa revista.

O PÓS-GUERRA E O MEU NASCIMENTO

Depois de entrar para a Universidade de Kyoto, meu pai voltou a ser recrutado, no dia 12 de junho de 1945. Era sua terceira convocação para o serviço militar. Mas não foi enviado nem para a 16ª nem para a 53ª Divisão, que já haviam sido aniquiladas e não existiam mais. Dessa vez ele integrou, como soldado de primeira classe, a unidade 143 do Exército do Distrito Central, que atuava internamente. Embora não estivesse claro onde ficava sua base, devia ser relacionada às Tropas de Transporte, pois se chamava "unidade de automóveis". Seja como for, dois meses depois, no dia 15 de agosto, a guerra terminou, e em 28 de outubro ele foi desligado do serviço militar e voltou à universidade. Foi assim que meu pai sobreviveu à grande desgraça da guerra. Ele tinha 27 anos.

Eu nasci em janeiro de 1949. Meu pai havia passado no exame de bacharel em setembro de 1947 e entrado na pós-graduação, mas, como já tinha certa idade, uma esposa e um filho, acabou desistindo da carreira acadêmica e arranjando um emprego como professor de língua japonesa na escola Koyo Gakuin para pagar as contas. Não sei ao certo como meus pais se conheceram. Eles moravam em cidades diferentes, Kyoto e Osaka, então é provável que tenham sido apresentados por algum conhecido em comum. Minha mãe teve um namorado com quem pretendia se casar (um professor de música), mas ele morreu na guerra. E a loja do seu pai (o meu avô) em Senba queimou completamente nos bombardeios do Exército norte-americano. Ela nunca se esqueceu da experiência de fugir correndo pela cidade de Osaka sob as rajadas de metralhadora dos caças Grumman. A guerra mudou completamente sua vida, assim como a do meu pai. Porém, graças a isso, por assim dizer, hoje estou aqui.

Embora eu tenha nascido no bairro Fushimi, em Kyoto, nas minhas primeiras memórias nós já vivíamos em Shukugawa, na cidade de Nishinomiya, província de Hyogo. Depois, quando eu tinha doze anos, nos mudamos para a cidade de Ashiya. Por isso, apesar de ter nascido em Kyoto, tenho a sensação de ser natural da área de Hanshin (que engloba Kobe e Osaka). Tanto o dialeto quanto o modo de pensar e de ver a vida são distintos entre Kyoto, Osaka e Kobe, ainda que as três cidades fiquem na mesma região de Kansai. Nesse sentido, posso dizer que a minha personalidade foi forjada em um ambiente diferente daquele do meu pai, natural de Kyoto, e também daquele da minha mãe, de Osaka.

Minha mãe, que ainda está viva e tem 96 anos, também foi professora de língua japonesa. Ela se formou no curso da Escola Feminina Shoin e depois passou a lecionar na mesma escola (creio que para alunas de doze a dezesseis anos), mas deixou o emprego ao se casar. Por sinal, lembro que quando a escritora Seiko Tanabe ganhou o prêmio Akutagawa, em 1964, minha mãe viu a foto dela no jornal e comentou que a conhecia bem. Tanabe também estudou na Escola Shoin, então talvez elas tivessem algum contato.

Segundo minha mãe, meu pai levava uma vida muito desregrada na juventude. Seu corpo ainda devia guardar a pesada experiência da guerra, e a frustração de ver a vida seguir numa direção oposta à que ele pretendia também devia ser difícil. Ele bebia muito e dizem que às vezes batia nos alunos. No entanto, conforme eu crescia, ele foi abrandando seu temperamento e suas atitudes. De vez em quando, ficava deprimido e mal-humorado, ou então bebia demais (minha mãe sempre reclamava disso), mas, como filho, não me lembro de episódios desagradáveis. Talvez a infinidade de sentimentos que guardava tenha assentado pouco a pouco, permitindo-lhe certa tranquilidade.

Do ponto de vista objetivo, tenho impressão de que ele foi um excelente professor. Fiquei muito surpreso ao ver a quantidade de ex-alunos que prestaram condolências em seu falecimento. Devia ser muito benquisto. Vários dos seus alunos se tornaram médicos e, graças a eles, meu pai teve um tratamento muito atencioso e gentil durante a sua batalha contra o câncer.

A propósito, tenho impressão de que minha mãe também foi uma ótima professora. Mesmo depois que eu nasci e ela se tornou dona de casa, suas ex-alunas (com quem tinha, na verdade, pouca diferença de idade) continuaram a visitá-la com frequência. Em contrapartida, eu não tenho muito talento para essa profissão.

Que lembranças guardo do meu pai durante a minha infância? Costumávamos ir muito ao cinema. Aos domingos, acordávamos, abríamos o jornal para ver o que estava passando nos cinemas próximos (não sei como é hoje, mas naquele tempo havia várias salas em Nishinomiya) e, se algo nos interessasse, íamos de bicicleta. Assistíamos quase sempre a filmes norte-americanos, e quase sempre de faroeste ou de guerra. Embora meu pai não falasse sobre o que viveu na guerra, não se incomodava em assistir a filmes sobre o assunto. Por isso, conheço bem os filmes de guerra da década de 1950. Acho que devo ter visto quase todos os de John Ford. Já no caso de filmes como *A rua da vergonha* ou *A nova saga do Clã Taira*, de Mizoguchi Kenji, ou *Lírio do lodo*, de Shiro Toyoda, meus pais me deixavam em casa, dizendo que não eram adequados para crianças, e iam sozinhos. (Na época, eu não entendia bem o que esses filmes tinham de inadequado.)

Também íamos a muitos jogos de beisebol no estádio Koshien. Meu pai era torcedor fervoroso dos Hanshin Tigers. Quando perdiam, ficava num mau humor terrível. Talvez esse tenha sido um dos motivos por que deixei de torcer por eles.

Mesmo na época de professor, meu pai manteve a paixão pelos haicais. Tinha sempre sobre a escrivaninha uma antiga coletânea

de *kigo** com encadernação de couro e, quando estava livre, folheava com delicadeza o tomo, que talvez para ele correspondesse a uma Bíblia para um cristão. Meu pai publicou antologias de poemas, mas não consigo encontrá-las de jeito nenhum. Onde será que foram parar? Ele presidia um clube de haicais de seus alunos, orientava quem se interessasse pelo assunto e organizava confraternizações para compor poemas, algo que existe até hoje. Na minha infância, eu o acompanhei várias vezes nesses encontros. Certa vez ele organizou uma dessas confraternizações em um eremitério onde se acredita que o poeta Bashô tenha morado, na montanha do templo Ishiyamatera, em Shiga. Não sei por quê, mas até hoje me lembro com clareza da tarde daquele dia.

---

* Em tradução literal, "palavra estacional". São palavras ou expressões usadas na poesia tradicional japonesa para indicar em que época do ano o poema se situa. A maior parte se refere a flora, fauna ou clima. (N. T.)

UMA CONVERSA DESAJEITADA COM MEU PAI, AOS NOVENTA ANOS

Meu pai devia ter a esperança de que eu, como filho único, realizasse coisas que ele não pôde. À medida que eu crescia e trilhava meu próprio caminho, nossas diferenças foram ficando mais intensas e mais evidentes. Nós dois tínhamos personalidade forte. Não estávamos dispostos a abrir mão tão facilmente de nós mesmos. Também éramos, para o bem e para o mal, muito parecidos na incapacidade de expressar nossas opiniões.

Como não quero me aprofundar nos aspectos concretos dessas desavenças entre pai e filho, tocarei no assunto apenas superficialmente. Se entrar em detalhes, o resultado será longo e visceral demais. Em poucas palavras, depois que me casei na juventude e comecei a trabalhar, nos afastamos muito. Muitos acontecimentos, sobretudo depois que me tornei escritor, deixaram nossa relação ainda mais complicada, e por fim quase rompemos completamente. Passamos mais de vinte anos sem nos encontrar, falando apenas quando era imprescindível.

Meu pai e eu crescemos em épocas e ambientes diferentes, não pensávamos da mesma forma e não víamos o mundo da mesma maneira. Obviamente. Se em algum momento da vida eu tivesse me dedicado a reconstruir nossa relação, talvez as coisas tivessem sido outras. Mas em vez de dedicar tempo e esforço para buscar novas maneiras de conviver com meu pai, preferi concentrar minhas forças em meus próprios planos. Eu ainda era jovem, tinha muitos planos e objetivos claros. Tudo isso me importava mais do que lidar com questões familiares complexas. E eu também tinha, é claro, minha própria família para manter.

Só fui reencontrar meu pai e conversar frente a frente com ele pouco antes da sua morte. Eu já me aproximava dos sessenta anos e ele chegava aos noventa. Estava internado em um hospital em Nishijin, Kyoto. Não era um homem magro, mas o gravíssimo diabetes e o câncer o haviam deixado magérrimo. Parecia outra pessoa. Trocamos palavras desajeitadas e — por um curto período, nos últimos momentos de sua vida — tivemos uma espécie de reconciliação. Por mais diferentes que fossem os nossos pensamentos e as nossas visões de mundo, senti algo muito forte dentro de mim, algo como um laço de união. Diante da figura macilenta do meu pai, não pude deixar de sentir isso.

Por exemplo, certo dia de verão fomos de bicicleta até a praia de Koroen para abandonar uma gata rajada. Depois a gata voltou para casa, antes de nós, e ficou à nossa espera. Aconteça o que acontecer, dividimos essa experiência, maravilhosa e intrigante. Ainda hoje, lembro com clareza o som das ondas e o perfume do vento que soprava por entre as árvores naquele dia na praia. O acúmulo infinito de pequenas lembranças como essa compõe a pessoa que sou.

A SENSAÇÃO DE SE TORNAR INVISÍVEL

Desde a morte do meu pai, eu me encontrei com várias pessoas que o conheceram e conversei sobre ele como uma forma de retraçar as minhas origens.

Não sei se um texto de cunho pessoal como esse interessa aos leitores, mas como sou al-

guém que só consegue pensar na prática, escrevendo (sempre fui péssimo em pensar de forma abstrata e conceitual), precisei fazer isso. Retraçar as minhas memórias, olhar para o passado e transformar tudo em palavras sobre o papel, em um texto que pode ser lido em voz alta. E, conforme eu escrevia e relia as palavras, fui sendo invadido pela estranha sensação de ficar invisível. Era algo tão forte que eu tinha a impressão de que, se erguesse as mãos diante dos olhos, conseguiria enxergar um pouco do que estava por trás delas.

Se meu pai não tivesse sido dispensado do serviço militar e tivesse ido para as Filipinas ou a Birmânia... Se o professor de música comprometido com minha mãe tivesse escapado da morte em algum campo de batalha... Pensar em tudo isso me provoca uma sensação muito estranha. A verdade é que então eu não estaria aqui. E, óbvio, não haveria os livros que escrevi. Pensando dessa maneira, o próprio fato de que vivo como escritor começa a parecer uma ilusão, frágil e sem substância. Meu sentido como indivíduo vai ficando cada vez mais vago. Se eu conseguisse enxergar através da palma das minhas mãos, não me surpreenderia.

O GATO QUE SUBIU NO PINHEIRO

Tenho outra memória de infância sobre um gato. Já escrevi a respeito em algum romance, como ficção, mas vou escrever de novo. Desta vez, como fato.

    Nós tínhamos um filhotinho de gato branco. Não lembro ao certo como ele foi parar em nossa casa, pois durante a minha infância muitos gatos apareciam e sumiam de lá.

Mas lembro que era um filhote adorável, com uma pelagem bonita.

Certo fim de tarde, quando eu estava sentado na varanda, esse gatinho se pôs a escalar um pinheiro (no nosso jardim havia um pinheiro magnífico) bem diante dos meus olhos. Como se quisesse exibir a sua bravura e agilidade, subiu pelo tronco com uma rapidez espantosa e desapareceu entre os galhos, lá em cima. Fiquei observando a cena, atento. Até que ele começou a miar agoniado, como quem pede socorro. Provavelmente havia subido bem alto e já não tinha coragem de descer. Gatos sobem em árvores muito bem, mas descer não é o seu forte. Só que o filhote não sabia disso. Deve ter subido num ímpeto e depois, ao ver tudo de cima, ficou paralisado.

Eu me aproximei e olhei para a copa da árvore, sem conseguir enxergá-lo. Só ouvia os seus miados agudos. Chamei meu pai e expliquei o que tinha acontecido, mas não havia o que fazer. Era alto demais para uma escada. À medida que a noite caía, o gatinho continuou miando, desesperado, pedindo ajuda. Até que a escuridão engoliu todo o pinheiro.

Não sei o que aconteceu com aquele filhote. No dia seguinte, quando acordei, já não havia miados. Por mais que eu o chamasse várias vezes, não havia resposta. Apenas silêncio.

Talvez o gatinho tivesse dado um jeito de descer durante a noite e ido embora (para onde?). Ou talvez não tivesse conseguido descer e tivesse permanecido ali, entre os galhos, exausto demais para miar, até definhar devagar e morrer. Sentado na varanda e olhando para o pinheiro, imaginei muitas vezes essa hipótese. O gatinho branco, morto e seco, ainda com as unhazinhas desesperadamente cravadas no galho.

Essa é mais uma lembrança marcante da minha infância. Essa história deixou, na minha mente de menino, um ensinamento vívido: descer é muito mais difícil do que subir. Generalizando um pouco mais, seria o seguinte: os resultados engolem rapidamente as causas e as tornam impotentes. Em alguns casos, isso mata gatos. Em outros, pessoas.

Seja como for, o que eu queria mesmo dizer com este texto tão pessoal é um fato bastante óbvio:

Sou apenas o filho comum de um homem comum. Algo absolutamente óbvio. Porém, quando resolvi arregaçar as mangas e investigar, foi ficando cada vez mais claro que isso é, também, *acidental*. Passamos a vida olhando fatos que são fruto de mera causalidade como se fossem a única realidade possível.

Em outras palavras, cada um de nós não passa de uma entre incontáveis gotas de chuva que caem sobre a vastidão da terra. Gotas únicas, é verdade, mas perfeitamente substituíveis. Ainda assim, cada uma dessas gotas de chuva tem as suas próprias ideias. Cada uma tem a sua história e também a obrigação de *levar adiante* essa história. Não podemos nos esquecer disso. Mesmo que cada gota logo seja absorvida, perca o contorno individual e desapareça como parte de um coletivo maior. Ou melhor: *justamente porque vai desaparecer como parte de um coletivo maior.*

Ainda hoje, às vezes recordo do grande pinheiro do nosso jardim em Shukugawa. Penso no pequeno filhote, que talvez continue lá, transformado em ossos, agarrado ao galho como uma memória que não se apagou. Então penso na morte, e em como é difícil descer numa reta até o chão lá embaixo, tão distante que chega a dar vertigem.

POSFÁCIO

UM PEQUENO FRAGMENTO DA HISTÓRIA

Há tempos eu tinha vontade de escrever um texto falando de forma mais consistente sobre o meu finado pai, mas os anos foram passando sem que eu me lançasse nessa empreitada. Escrever sobre alguém da própria família dá certo desânimo (pelo menos para mim) e eu também não conseguia decidir por onde começar, nem como. Essa questão passou muito tempo me incomodando, como uma espinha de peixe presa na garganta. Até que me lembrei desse dia em que eu e meu pai fomos abandonar um gato na praia, comecei a escrever por aí, e então as palavras fluíram com uma naturalidade inesperada.

Uma das coisas que quis retratar neste texto é quão profundamente a experiência da guerra pode transformar a vida e o espírito de uma pessoa — de um cidadão comum, como qualquer outro. E que, se eu estou aqui agora, é resultado disso. Se o destino do meu pai tivesse tomado qualquer outro rumo, por mais ínfima que fosse a diferença, com certeza eu não existiria. A história é isto: uma única realidade, inflexível, que prevaleceu entre incontáveis possibilidades.

A história não está no passado. Ela existe no interior da nossa consciência, ou do nosso inconsciente, corre como sangue vivo e, querendo ou não, é transmitida para as próximas gerações. Nesse sentido, o que este texto registra é uma narrativa pessoal e, ao mesmo tempo, um pedaço da grande narrativa que constrói todo o mundo em que vivemos. Ainda que seja um pedaço infinitesimal, não deixa de ser um de seus fragmentos.

Mas, pessoalmente, eu não queria escrever isso como uma "mensagem". Queria apenas apresentar, da forma mais direta possível, essa narrativa desconhecida de um canto da história. Contei para isso com vários gatos que já estiveram ao meu lado, e que me ajudaram a sustentá-la com delicadeza.

Quebrei a cabeça pensando qual seria a melhor forma de publicar este texto curto, mas por fim decidi fazer um pequeno livro só com ele, acompanhado de ilustrações. Isso porque, tanto pelo conteúdo como pelo tom, seria difícil combiná-lo com outras obras minhas.

Sou muito grato à equipe editorial da revista *Bungei Shunju* por ter me ajudado a checar os dados históricos na primeira publicação do texto.

Haruki Murakami
Fevereiro de 2020

Haruki Murakami nasceu em Kyoto, no Japão, em janeiro de 1949. É considerado um dos autores mais importantes da atual literatura japonesa. Sua obra foi traduzida para mais de quarenta idiomas e recebeu importantes prêmios, como o Yomiuri e o Franz Kafka. O escritor vive atualmente nas proximidades de Tóquio. Dele, a Alfaguara publicou os relatos *Do que eu falo quando eu falo de corrida* e *Romancista como vocação*, os romances *Kafka à beira-mar*, *Norwegian Wood*, *Ouça a canção do vento & Pinball, 1973*, *Crônica do Pássaro de Corda*, e a trilogia *1Q84*, entre outros.

Adriana Komura nasceu em São Paulo, onde se formou em editoração pela Escola de Comunicações e Artes (ECA-USP) e design gráfico pela Escola Panamericana de Arte e Design, trabalhou em estúdios e grandes empresas de comunicação como Abril e *Folha de S.Paulo*. Atualmente trabalha nas áreas de design gráfico, ilustração e motion graphics. Já teve seu trabalho exposto em feiras de arte impressa no Brasil e no exterior.

ESTA OBRA FOI COMPOSTA POR SAMANTHA MONTEIRO EM CAPITOLIUM2
E IMPRESSA EM OFSETE PELA GEOGRÁFICA SOBRE PAPEL ALTA ALVURA
DA SUZANO S.A. PARA A EDITORA SCHWARCZ EM MAIO DE 2022

A marca FSC® é a garantia de que a madeira utilizada na fabricação do papel deste livro provém de florestas que foram gerenciadas de maneira ambientalmente correta, socialmente justa e economicamente viável, além de outras fontes de origem controlada.